Mein erster Polyglott

Spanien und Spanisch

von

Janet De Saulles

Illustrationen

Kim Woolley

Polyglott-Verlag München

Inhalt

Übersetzung aus dem Englischen: Gertraud M. Trox

Repro: RCS Graphics Ltd, Leeds

Druck: Proost, Belgium

ISBN 3-493-60217-0

Viel Spaß in Spanien!

In diesem Buch findet ihr viel Interessantes über Spanien, seine Bewohner, die Landschaften und die Sprache. Wir beschreiben, was die Spanier und Spanierinnen gerne essen und trinken, was sie arbeiten und wie die schönsten Sehenswürdigkeiten aussehen.

Auch was die spanischen Kinder in der Schule und in ihren Ferien machen oder wie die Spanier feiern, lest ihr in diesem Buch. Auf Seite 26 beginnt der kleine Sprachführer. Wenn ihr damit die wichtigsten Wörter lernt und wißt,

wie man sie ausspricht, könnt ihr schnell Freunde finden. Dann ist es auch nicht schwer, in einem Café etwas zu bestellen oder in Geschäften einzukaufen. Fast auf jeder Seite findet ihr außerdem einige nützliche Vokabeln.

Die Karte von Spanien

Spanien ist der zweitgrößte Staat in Westeuropa. Im Norden grenzt es an Frankreich, im Westen an Portugal und im Süden an das britische Gibraltar.

Spanien hat wunderschöne und ganz verschiedene Landschaften. Hohe Berge gibt es im Norden wie im Süden. Das eher flache Hochland im Zentrum, wo auch Madrid liegt, ist bekannt für seine heißen trockenen Sommer und die bitterkalten Winter. Zum Baden fährt man am besten an die langen sonnigen Strände der Ost- und Südküste.

Höchster Berg: Pico del Teide, auf Teneriffa (Kanarische Inseln), 3718 m. Dieser Berg ist noch ein aktiver Vulkan.

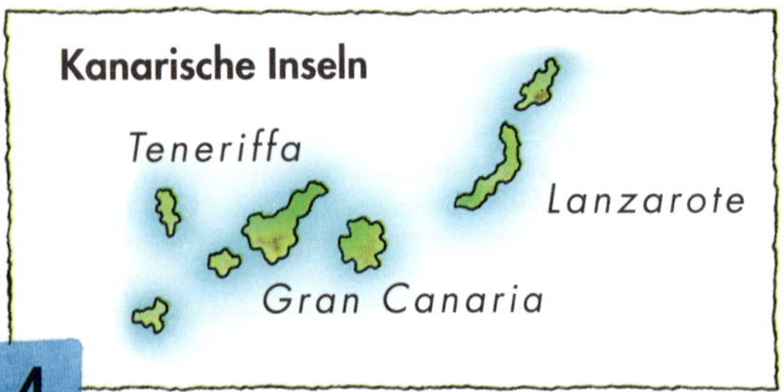

el país
das Land

el mapa
die Landkarte

Längster Fluß:
Tajo, 1007 km. Er fließt durch Spanien und Portugal, wo er in den Atlantik mündet. An einigen Staudämmen entstanden Seen. Dort wird viel geangelt.

Das Wichtigste über Spanien

Spanien ist knapp eineinhalbmal so groß wie Deutschland, hat aber weit weniger Einwohner, d. h. die Menschen leben – vor allem auf dem Land – nicht so eng beieinander.

Größe:
504 783 km²

Bevölkerung:
39 618 000

Die spanische Flagge hat drei Querstreifen: oben und unten Tomatenrot und in der Mitte Sonnengelb.

la bandera
die Flagge

Spanien ist ein Königreich mit einem König. Die wichtigen Entscheidungen in der Politik treffen jedoch die demokratisch gewählte Regierung und das Parlament.

Offizieller Name:
España oder Estado Español (der spanische Staat)

Hauptstadt:
Madrid

Sprache

Fast jeder spricht in Spanien auch Spanisch, das heißt *español* oder *castellano*, wie man hier sagt, aber in einigen Teilen des Landes gibt es noch eigene Sprachen.

el lenguaje
die Sprache

Geld

Die spanische Währung heißt peseta. Eine kleine Süßigkeit kostet zum Beispiel fünf pesetas.

el dinero
das Geld

Es gibt verschiedene Münzen, manche haben sogar ein Loch in der Mitte. Die Münzen sind 1 peseta, 5, 10, 25, 50, 100, 200 und 500 pesetas wert.

Geldscheine gibt es zu 1000, 2000, 5000 und 10 000 pesetas. Auf ihnen sind berühmte spanische Persönlichkeiten abgebildet.

Auf der Rückseite der Münzen ist der Kopf des Königs abgebildet, auf älteren Geldstücken auch noch General Franco, der von 1939 bis 1975 an der Macht war.

la moneda
die Münze

el billete de banco
der Geldschein

Spanien ist bekannt für

las naranjas
Orangen aus Valencia oder Andalusien

zapatos – Schuhe

cinturón
Gürtel

bolsa
Tasche

articulos de cuero
Lederwaren

el aceite de oliva
das Olivenöl

los coches
Autos

el turismo
der Tourismus

el vino
der Wein

el jerez
der Sherry

Spaniens verschiedene Regionen

Spanien besteht aus verschiedenen Einzelregionen. Dazu gehören auch die Inselgruppe der Balearen im Mittelmeer und die Kanarischen Inseln im Atlantik nahe der Westküste Nordafrikas.

Das Baskenland im Norden liegt in einem Teil des Landes, den man auch das „Grüne Spanien" nennt. Die Landschaft dort ist sehr grün, weil es viel regnet.

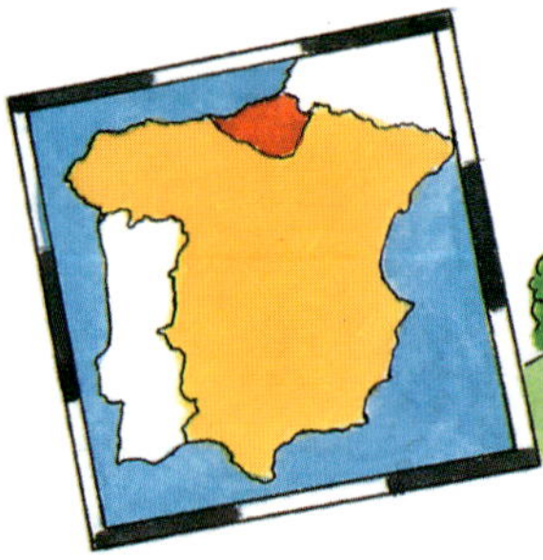

Ganz typisch für Galicien im Nordwesten sind die kleinen Fischerdörfer an den langen, engen Meeresbuchten.

San Sebastián und Santander sind vornehme Badeorte an der Nordküste.

In der Mitte Spaniens stöhnen die Bewohner im Sommer wegen der Hitze und im Winter wegen der eisigen Kälte.

Tausende von Touristen aus allen Ländern Europas verbringen ihren Urlaub in den Badeorten an der Ostküste. Der größte ist Benidorm an der Costa Blanca, der „weißen Küste".

el centro de turismo
der Urlaubsort

la casa
das Haus

Fahren wir an der Ostküste nach Süden, so kommen wir nach Valencia. Rund um diese schöne alte Stadt wachsen Millionen von Orangenbäumen, und zwischen ihnen stehen die kleinen weißgestrichenen Bauernhäuser.

In der Gegend von Valencia ist das Klima so warm, daß hier sogar Reis wächst. Von den Flüssen wird das Wasser in Kanälen auf die Felder geleitet. Im Sonnenlicht schimmern sie dann wie ein großer See.

Andalusien, die Landschaft im Süden, gilt als der heißeste und trockenste Teil ganz Europas. Daher ist die Costa del Sol, die „Sonnenküste", ein sehr beliebtes Ferienziel. Dort wird auch Wein angebaut.

Viele Häuser sehen in Andalusien aus wie in Nordafrika. Warum? Über 800 Jahre lang haben arabische Fürsten und Sultane in Spanien regiert.

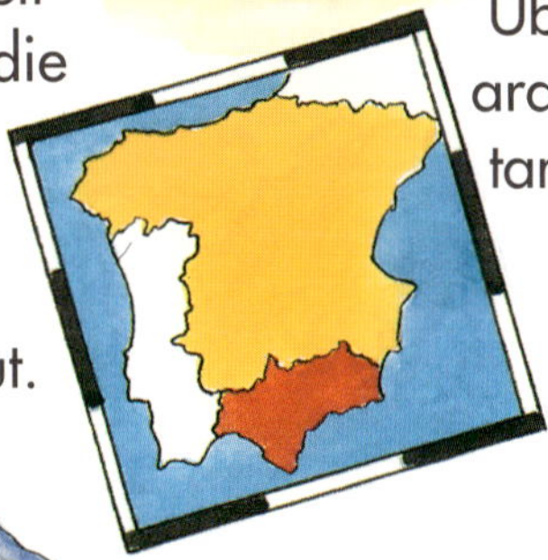

Bären, Steinböcke, Adler und Geier leben in den Bergen der Pyrenäen und in Südspanien.

Die Kanarischen Inseln sind durch Vulkane entstanden. In der wilden, kargen Landschaft von Lanzarote werden die Weinstöcke in Mulden gepflanzt. Um die Mulde baut man sogar Steinmäuerchen zum Schutz gegen den Wind.

In Spanien gibt es viele Nationalparks, in denen seltene Pflanzen und Tiere besonders geschützt werden, z.B. Flamingos oder Luchse, die südlich von Sevilla noch zu finden sind.

Madrid

Madrid ist die Hauptstadt Spaniens und liegt fast in der Mitte des Landes. Mehr als drei Millionen Menschen leben hier.

In der Innenstadt stehen noch viele schöne alte Gebäude. Am Stadtrand werden immer mehr moderne Wohnblocks gebaut.

Eine der wichtigsten Sehenswürdigkeiten in Madrid ist das Museo del Prado mit einer großen kostbaren Sammlung von Gemälden.

Madrid hat viele große Plätze. Zur Plaza Mayor, dem wichtigsten von allen, kommen die Leute um einzukaufen oder um in den Cafés in der Sonne zu sitzen. Manchmal wird hier auch eine Bühne aufgebaut und Theater gespielt.

Ein anderer großer Platz ist die Plaza de España. In der Mitte steht ein Denkmal für Don Quijote und Sancho Pansa, den sonderbaren Ritter und seinen kleinen dicken Diener. Der spanische Dichter Cervantes, der die beiden Figuren erfand, starb 1616 in Madrid.

Sehenswürdigkeiten

El Palacio Real
der Königspalast

Cibeles-Brunnen

Puerta del Sol
Auf dem Platz im Zentrum der Altstadt steht ein Denkmal mit dem Wappentier von Madrid: ein Bär, der von den Früchten eines Erdbeerbaums nascht.

Kirche San Jerónimo
dort finden die Hochzeiten des Königshauses statt

Puerta de Alcalá
eines der alten Stadttore

Plaza Mayor
der schönste Platz in Madrid

Gran Vía
die Haupteinkaufsstraße

In einer typischen spanischen Kleinstadt

Viele spanische Dörfer und die kleineren Städte sind um einen Platz herum gebaut. Oft heißt er – so wie das spanische Wort dafür – einfach „la plaza".

Häufig treffen sich die Kinder zum Spielen auf der Plaza. Am Abend gehen viele Familien dorthin und spazieren herum. Das nennt man in Spanien „el paseo".

Außer den Supermärkten hat jede spanische Stadt einen Markt, auf dem man frische Lebensmittel einkaufen kann.

Zu jeder Stadt gehört auch eine Kirche. Viele Spanier sind Katholiken und gehen am Sonntagvormittag mit der Familie zur Messe.

Die meisten Spanier leben in einer Mietwohnung. Die Fußböden sind oft aus Holz oder gefliest, damit die Wohnung im Sommer schön kühl ist. Viele Möbel werden aus dunklem poliertem Holz hergestellt.

Essen in Spanien

Die Spanier haben sehr gutes Essen. Sie treffen sich zu den Mahlzeiten häufig mit Freunden oder gehen manchmal in ein Lokal.

Das Frühstück *(el desayuno)* ist sehr einfach. Kinder bekommen zum Beispiel ein Glas Milch und etwas Toast oder Kuchen.

Später am Vormittag essen die Spanier dann ein belegtes Brötchen *(el bocadillo)*.

Spanien ist bekannt für die *Paella*. Für das lustig bunte Essen braucht man Reis, der mit Safran gelb gefärbt wird, Huhn und Meerestiere, wie zum Beispiel Langusten, Krabben und Muscheln.

Typisch spanische Gerichte

el gazpacho
kalte Gemüsesuppe

los calamares
Tintenfische

la tortilla de patatas
Kartoffelomelette

la fabada
Eintopfsuppe mit dicken weißen Bohnen und Fleischstückchen

Getränke

el agua mineral
das Mineralwasser

el jerez
der Sherry

la sangría
Getränk aus Rotwein, Zitronen- und Orangensaft, Weinbrand und Eiswürfeln

la cerveza
das Bier

la horchata
milchiges Getränk aus Erdmandeln

el blanco y negro
Eiskaffee

el granizado de limón
Zitronensaft auf zerstoßenem Eis

la leche
die Milch

Brot steht zu jedem Essen auf dem Tisch. Die Hauptmahlzeit *(la comida)* wird am frühen Nachmittag zwischen 2 und 3 Uhr gegessen. Vorspeise könnte eine kalte Gemüsesuppe *(el gazpacho)*, etwas Salat oder Gemüse sein. Fisch oder Fleisch mit Kartoffeln oder einem Salat sind der Hauptgang.

las tapas
kleine Portionen pikanter Speisen, zum Beispiel eingelegte Oliven, Tomaten mit kleinen Stückchen Huhn, Fleisch oder Fisch

el flan
der Karamelpudding

la tarta de manzana
der Apfelkuchen

el chorizo
kräftig gewürzte Hartwurst

Wovon die Spanier leben

Obwohl es viele Industriestädte gibt, hat Spanien große Gebiete, in denen Landwirtschaft betrieben wird. Daher kommen aus Spanien mehr Lebensmittel als aus anderen Ländern Europas.

Oliven sind ganz wichtig. Sie wachsen überall im Land, nur nicht im Nordwesten. Spanien verkauft mehr Olivenöl an das Ausland als alle anderen Länder der Welt.

la oveja
das Schaf

Merinoschafe werden in vielen Gegenden gezüchtet. Aus ihren lockigen, seidigen Haaren wird feinste Wolle gesponnen. Ziegen grasen auf dem weniger fruchtbaren Land.

el granjero
der Bauer

In der Autoindustrie arbeiten mehr Menschen als in jedem anderen Industriezweig. Eine große Zahl der Autos wird ins Ausland verkauft.

el coche
das Auto

Die Bauern ernten auch Weizen, Gerste und Reis. Die Orangen und Tomaten aus dem Süden werden in viele Länder verkauft, und dafür wird eine ganze Menge Geld bezahlt.

Viele Spanier verdienen ihr Geld auch mit Fischfang oder in der Fischereiindustrie, da Meerestiere überall im Land sehr gerne gegessen werden, vor allem aber in Galicien. Spanien besitzt eine der größten Fischfangflotten in Europa.

el pescador
der Fischer

Kohle, Blei, Kupfer, Zink und Quecksilber werden in Bergwerken abgebaut. Das ist eine besonders harte Arbeit.

la fábrica
die Fabrik

Seit 1950 ist Spanien Schritt für Schritt ein Industrieland geworden. Immer mehr Menschen ziehen in die Städte und suchen dort Arbeit.

Viele Frauen arbeiten in Fabriken, die Kleidung, Schuhe und andere Lederwaren, Keramik und Computer herstellen.

la uva
die Traube

Auf den Kanarischen Inseln werden Bananen und Weintrauben gezüchtet. Schiffe oder Flugzeuge bringen sie nach Europa.

el plátano
die Banane

Eine sehr große Zahl von Spaniern arbeitet im Fremdenverkehr, das heißt in Cafés, Gaststätten und in den großen Ferienhotels an der sonnigen Ost- und Südküste.

Kinder in Spanien

Hier erzählen wir euch etwas über die Schule in Spanien und wie die spanischen Kinder ihre Zeit verbringen.

Die Schule beginnt gegen 9 Uhr morgens und endet erst zwischen 4 und 5 Uhr am Nachmittag. Von 1 Uhr bis 3 Uhr ist Mittagspause. Die meisten Kinder fahren dann zum Essen nach Hause.

Alle spanischen Kinder im Alter zwischen 6 und 16 Jahren müssen zur Schule gehen. Danach können sie sich eine Arbeitsstelle suchen oder noch weiter zur Schule und auf die Universität gehen.

Die meisten Kinder gehen auf eine staatliche Schule. Es gibt aber auch Schulen der katholischen Kirche. Dort müssen die Eltern Schulgeld bezahlen.

Normalerweise brauchen die Schulkinder in Spanien keine eigene Schulkleidung tragen.

la piscina
das Schwimmbad

Während der Sommerferien verbringen die Kinder viel Zeit im Freien: Sie treffen sich zum Beispiel mit Freunden im Schwimmbad oder spielen Fußball zusammen.

el fútbol
der Fußball

In Spanien dürfen Kinder abends lange aufbleiben; sie spielen mit Freunden oder sitzen vor dem Fernsehapparat.

Die meisten spanischen Familien bleiben im Urlaub in Spanien. Im Sommer fahren sie ans Meer – oder manchmal in die Berge, um vor der Hitze zu fliehen. Im Winter gehen einige zum Skifahren.

las vacaciones
die Ferien

Bei Festen tragen auch Kinder die alten Trachten.

esquiar
Ski fahren

los niños
die Kinder

Kurze Geschichte Spaniens

Vor 2000 Jahren war Spanien, wie viele europäische Länder, ein Teil des großen Römischen Reiches. Was passierte dann?

711 v. Chr.

Araber aus Nordafrika landen in Südspanien. Sie erobern große Gebiete und regieren fast 800 Jahre lang. Heute noch stehen ihre wundervollen Paläste wie die Alhambra in Granada.

1479

König Ferdinand von Spanien und seine Frau, Königin Isabella, wollen die einzelnen Gebiete Spaniens zu einem Königreich vereinen.

1492

Granada, das letzte Gebiet der arabischen Herrscher, wird von den Armeen des Königspaares Ferdinand und Isabella erobert.

Im selben Jahr entdeckt Christoph Kolumbus Amerika. Spanien erhält riesige Gebiete und herrscht außerdem über die Niederlande und in Teilen von Belgien und Italien. Es wird das reichste und mächtigste Land der Welt.

el buque
das Schiff

1588

Philipp II. versucht England mit einer großen Flotte, der Armada, zu erobern. Doch sie wird von den kleinen wendigen Schiffen der Engländer besiegt.

1808

Französische Truppen kämpfen in Spanien. Kaiser Napoleon setzt seinen Bruder Joseph auf den spanischen Königsthron. Dagegen wehren sich die Spanier, und die Franzosen müssen wieder abziehen.

1931

Der König wird abgesetzt und eine demokratisch gewählte Regierung gebildet.

1936-1975

1936 erhebt sich General Franco gegen die republikanische Regierung. Daraufhin bricht ein schrecklicher Bürgerkrieg aus.

Über eine Million Spanier sterben. Nach dem Sieg seiner Truppen 1939 regiert General Franco als Diktator. Spanien ist isoliert vom übrigen Europa. Franco stirbt 1975.

Heute

1975 kam König Juan Carlos auf den Thron. Er machte Spanien zu einem demokratischen Land, das 1986 Mitglied der Europäischen Gemeinschaft wurde.

Sehenswürdigkeiten

Jedes Jahr fahren mehr als 50 Millionen Touristen nach Spanien. Besonders viele kommen aus Deutschland, den Niederlanden, aus Großbritannien und Skandinavien, um an den sonnigen Küsten ihren Urlaub zu verbringen.

Zwei der beliebtesten Badeorte sind Benidorm und Torremolinos an der Mittelmeerküste. Benidorm war einst ein kleines Fischerdorf und hat heute Hochhäuser wie eine Großstadt. In einer langen Kette stehen sie am Strand entlang, dazwischen gemütliche Cafés, Lokale und Diskotheken.

la playa
der Strand

An der Küste der Balearen-Inseln könnt ihr in geheimnisvollen Höhlen auf Entdeckungsreise gehen oder an den feinen Sandstränden schwimmen und schnorcheln.

In Granada steht die Alhambra, ein Palast wie im Märchen. Er wurde von arabischen Baumeistern im 13. und 14. Jahrhundert gebaut. In dem Palastgarten plätschern viele Springbrunnen zwischen großen Blumenbeeten.

In Sevilla steht ein weltberühmtes Bauwerk: die Giralda. Araber, die aus Nordafrika nach Spanien gekommen waren, bauten diesen tollen Turm für eine Moschee. Heute gehört er zur Kathedrale.

la catedral
die Kathedrale

el palacio
der Palast

Im Süden von Madrid liegt die alte Stadt Toledo. In den engen, verwinkelten Gassen stehen noch viele Häuser aus dem Mittelalter.

la pintura
das Gemälde

Nicht weit entfernt von Madrid ließen sich die spanischen Könige einen riesigen Palast bauen, der recht düster wirkt: El Escorial. Dort sind viele Könige und Königinnen, Prinzen und Prinzessinnen begraben.

Sehr lustige und bunte Häuser baute der Architekt Gaudí in Barcelona. Leider starb er, bevor die Kirche Sagrada Familia (Kirche der Heiligen Familie) fertig war. Heute wird Geld gesammelt, damit man weiterbauen kann.

Im ersten Jahrhundert unserer Zeit bauten die Römer den Aquädukt von Segovia. Über diese 300 m lange Wasserleitung auf hohen Steinbögen floß das Wasser, das aus den Bergen kam, in die Stadt.

Manche Leute fahren im Winter nach Spanien. An der Küste im Süden kann man dann herrlich in der warmen Sonne liegen. In den Pyrenäen und in der Sierra Nevada fällt aber genug Schnee zum Skifahren.

Fiestas – die spanischen Feste

Die spanischen Feste sind eine tolle Mischung aus Musik, Umzügen, bunten Kostümen und viel Tanz. Einige finden zu den kirchlichen Feiertagen statt, bei anderen feiert man den Frühlingsanfang oder die Ernte im Herbst.

Romerías heißen die Wallfahrten zum Festtag der Heiligen auf dem Land. Die Leute reiten auf ihren Pferden oder kommen in blumengeschmückten Planwagen zu einer besonderen Kirche. Unterwegs singen und tanzen sie zu Gitarrenmusik und Kastagnettenklappern.

Eines der größten spanischen Feste findet in der Semana Santa (Karwoche, Woche vor Ostern) in Sevilla statt. In prächtigen Gewändern wie Adlige oder in langen Kitteln und mit Spitzhüten auf dem Kopf ziehen die Menschen durch die Straßen und tragen auf ihren Schultern schwere Heiligenstatuen und kostbare Kreuze.

Bei der Feria de abril, dem April-Fest, geht's in Sevilla noch lauter zu als in der Karwoche. Bis lange in die Nacht hinein wird gesungen und mit energischem Füßestampfen Flamenco getanzt. Die Frauen sehen in ihren Rüschenkleidern besonders hübsch aus, und die Männer tragen enge schwarze Anzüge.

el bailador
der Tänzer

Am zweiten Donnerstag nach Pfingsten feiert man das Fronleichnamsfest. Für die Prozession werden die Straßen mit Blumenteppichen belegt, dann läuten alle Glocken. Kracher und Feuerwerke werden abgebrannt.

los gigantes
die Riesen

Fallas de San José heißt im März das größte Fest in Valencia. Ein ganzes Jahr lang bauen Künstler und Handwerker riesige Figuren aus Pappmaché, die bunt bemalt werden. Damit alle sie sehen können, stellt man auf jedem Platz eine auf.

los fuegos artificiales
das Feuerwerk

In der letzten Nacht werden die Figuren dann angezündet und ein großes Feuerwerk abgebrannt, bei dem die Feuerwehr aufpaßt, daß nichts passiert. Die schönste Falla-Figur kommt in ein Museum.

Zum Fest San Fermín in der Stadt Pamplona in Nordspanien werden Stiere durch die Straßen getrieben. Die Männer, die vor ihnen herlaufen, versuchen sie mit Zeitungen abzulenken.

el toro
der Stier

Bei manchen Festen gibt es Umzüge mit *gigantes* (Riesen) und *cabezudos* (Großköpfen). Die lustigen Figuren bestehen aus einem Holzgestell mit einem prächtigen Gewand darüber, das ein oder zwei Männer tragen.

Kleiner Sprachführer

Auf dieser und den nächsten Seiten findet ihr eine Menge nützlicher Wörter und ein paar einfache Sätze, damit ihr nach etwas fragen könnt.

zumo de naranja – in fetter Schrift das spanische Wort

(sumo de narancha) – die schräggestellten Wörter sollen euch bei der Aussprache helfen

Orangensaft – zum Schluß die deutsche Bedeutung des Wortes

In jeder Sprechblase steht zuerst der spanische Satz (fettgedruckt), dann in Klammern die Aussprache und als letztes, was der Satz auf Deutsch heißt. Ihr werdet sehen, wie einfach es ist, etwas einzukaufen oder etwas zum Essen oder zum Trinken zu bestellen.

der spanische Begriff

die Aussprache

die deutsche Übersetzung

Freunde kennenlernen

Wenn ihr spanische Kinder trefft, könnt ihr sie mit diesen einfachen Fragen schon ein bißchen kennenlernen.

Sí
(si)
Ja

No
(no)
Nein

Por favor
(por fawor)
Bitte

Gracias
(grasias)
Danke

Adiós
(adjos)
Auf Wiedersehen

Perdón
(pärdón)
Entschuldigung

¡Hola!
(ola)
Hallo!

Lo siento
(lo siänto)
Es tut mir leid

Señorita
(sänjorita)
Fräulein

Señor
(sänjor)
Herr

Señora
(sänjora)
Frau

Im Café

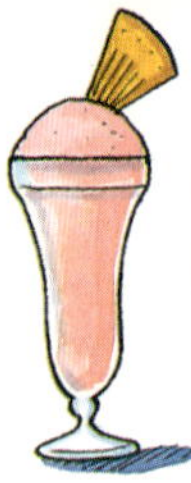

un helado de fresa
(un älado dä fräsa)
ein Erdbeereis

un zumo de manzana
(un sumo dä mansana)
ein Apfelsaft

una jarra de agua
(una charra dä agua)
ein Krug Wasser

la carta
(la karta)
die Speisekarte

un vaso
(um baso)
ein Glas

una ensalada
(una änsalada)
ein Salat

el camerero
(äl kamäräro)
der Kellner

Hier seht ihr einige Leute in einem Café. Sie bestellen beim Kellner etwas zu Essen und zu Trinken und benutzen dabei das Wort quiero. Es bedeutet: „Ich hätte gerne". Wenn ihr also *quiero* mit einem der Wörter unter den Bildern verbindet, könnt ihr schon eine Menge leckerer Dinge bestellen.

una tarta de manzana
(una tarta dä mansana)
ein (Stück) Apfelkuchen

un helado de chocolate
(un älado dä tschokolatä)
ein Schokoladeneis

una tostada de queso
(una tostada dä käso)
ein Käsetoast

un bocadillo de tortilla
(um bokadiljo dä tortilja)
ein Brötchen mit Omelette

la cuenta
(la kuänta)
die Rechnung

patatas fritas
(patatas frittas)
Pommes frites

sal y pimienta
(sal i pimjänta)
Salz und Pfeffer

un helado mixto
(un älado misto)
ein gemischtes Eis

aceite y vinagre
(aßeite i winagrä)
Öl und Essig

la camerera
(la kamärära)
die Kellnerin

Beim Einkaufen

la leche
(la lätsche)
die Milch

el pan
(äl pan)
das Brot

las galletas
(las galjätas)
die Kekse

los huevos
(los uäwos)
die Eier

Die Kinder gehen in ein Lebensmittelgeschäft (ultramarinos-alimentación), um dort Obst (fruta) und Gemüse (verduras y legumbres) einzukaufen.

la mermelada
(la märmälada)
die Marmelade

la coliflor
(la koliflor)
der Blumenkohl

el melocotón
(äl mälocotón)
der Pfirsich

las patatas
(las patatas)
die Kartoffeln

las peras
(las päras)
die Birnen

un pollo
(um poljo)
ein Hühnchen

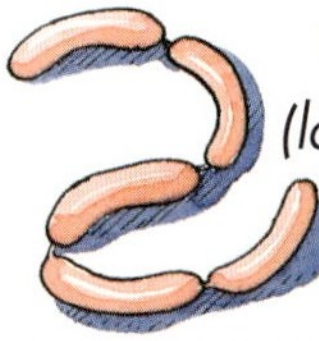

las salchichas
(las saltschitschas)
die Würstchen

las gambas
(las gambas)
die Krabben

unos caramelos
(unos karamälos)
einige Bonbons

Die Wörter bei den Zeichnungen am Bildrand helfen euch, auch noch in anderen Geschäften einzukaufen, wenn ihr sie wieder mit quiero verbindet.

un pastel
(um pastäl)
ein (Stück) Kuchen

los sellos
(los säljos)
die Briefmarken

un periódico
(um periódico)
eine Zeitung

el tebeo
(äl täbäo)
das Comic-Heft

la crema para el sol
(la kräma para äl sol)
die Sonnencreme

Stichwortverzeichnis

uno *(uno)* eins
dos *(dos)* zwei
tres *(träs)* drei
cuatro *(kuatro)* vier
cinco *(sinco)* fünf
seis *(säis)* sechs
siete *(siätä)* sieben
ocho *(otscho)* acht
nueve *(nuäwe)* neun
diez *(diäs)* zehn

negro *(nägro)* schwarz

blanco *(blanko)* weiß

rojo *(rocho)* rot

amarillo *(amariljo)* gelb

verde *(wärdä)* grün

azul *(asul)* blau

enero *(änäro)* Januar

febrero *(fäbräro)* Februar

marzo *(marso)* März

abril *(abril)* April

mayo *(majo)* Mai

junio *(chunio)* Juni

julio *(chulio)* Juli

agosto *(agosto)* August

septiembre *(säptiämbrä)* September

octubre *(oktubrä)* Oktober

noviembre *(noviämbrä)* November

diciembre *(disiämbrä)* Dezember

lunes *(lunäs)* Montag

martes *(martäs)* Dienstag

miercoles *(miärkoläs)* Mittwoch

jueves *(chuäwäs)* Donnerstag

viernes *(wiärnäs)* Freitag

sábado *(sábado)* Samstag

domingo *(domingo)* Sonntag